TIME FOR KIDS

Un día en la vida de un vaquero

Diana Herweck

Revisado por Curt Brummett, vaquero de toda la vida y humorista de la vida vaquera dedicado a la preservación del estilo de vida de los vaqueros.

Contenido

Los caballos siempre han sido parte importante de la vida y el trabajo de los vaqueros.

La mañana del vaquero

"¡Ajúa!" gritan los vaqueros cuando salen galopando para juntar el ganado. Es muy temprano por la mañana y su día de trabajo ya ha comenzado. Hay mucho por hacer.

Los primeros vaqueros

Cuando la gente comenzó a tener grandes rebaños de ganado, es decir, de vacas y toros, necesitaron una manera de mantener juntos a los animales. Ya desde el siglo XVI había vaqueros en México. En Argentina y Uruguay, eran conocidos como gauchos. Fueron los primeros vaqueros. Realizaban la mayor parte de su trabajo montados a caballo.

Algunos vaqueros trabajan desde que amanece hasta que se pone el sol. Antes de que amanezca, los vaqueros comienzan por vestirse con la ropa apropiada, como chaparreras, botas, espuelas, pañuelo y sombrero.

Las chaparreras y las botas protegen las piernas y los tobillos de los vaqueros al montar entre los cactos y arbustos. Las espuelas parecen peligrosas, pero no se usan para lastimar al caballo. Las espuelas, colocadas en las botas del vaquero, se usan para dar suaves golpes en las costillas del caballo y animarlo a que se mueva.

Los pañuelos y los sombreros protegen el rostro y el cuello del vaquero contra el viento, la lluvia y el sol.

Los pañuelos también pueden usarse para limpiar objetos, para lavarse o para tapar los ojos de un caballo asustado.

Cuero

Las botas y las chaparreras de los vaqueros están hechas de cuero para que no se rompan cuando los vaqueros pasan por zonas espinosas. Las botas tienen tacones gruesos e inclinados para evitar que los pies del vaquero resbalen de los estribos.

Herencia mexicana

Los vaqueros mexicanos de antaño dejaron un legado que perdura hasta nuestros días. Por ejemplo, el lanzamiento del lazo, el uso del hierro de marcar, la manera de montar a caballo entre el rebaño de vacas y la forma de domar a un caballo salvaje o bronco, provienen de esa época lejana. Además, muchas de las palabras que usaban ahora forman parte no sólo del español, sino también del inglés, como rodeo, lazo (lasso), chaparreras (chaps) y bronco.

Una vez vestidos para el día de trabajo, los vaqueros disfrutan de un abundante desayuno antes de salir. Necesitan toda la energía posible para reunir el ganado.

▲ El trabajo de un vaquero es pesado, por lo que es importante comenzar el día con un buen desayuno. ►

Cowboys y buckaroos

En Estados Unidos, surgió el término buckaroos para diferenciar a los vaqueros del sudoeste y los vaqueros del noroeste. Los vaqueros y los buckaroos utilizan distintos tipos de sillas de montar, se visten en forma diferente y utilizan cuerdas de distinta longitud. Hoy en día, son los buckaroos quienes han conservado muchas de las tradiciones de la caballería española y el uso de largas cuerdas. Sin embargo, los resultados son los mismos cuando se trata de trabajar con el ganado. En la década de 1860 comenzó a utilizarse el término cowboy, una palabra que es conocida en casi todo el mundo. Hoy en día se habla de vaqueros y vaqueras, ya que tanto hombres como mujeres realizan el trabajo.

Vaqueros en las praderas

Después de desayunar, los vaqueros emprenden su camino a las praderas para arrear al ganado y cuidarlo. El propósito de esta actividad es reunir a los animales que se han alejado del rancho. Durante el rodeo o reunión del ganado, un equipo de vaqueros se extiende por las praderas y junta el ganado. Esto se conoce como arreo.

Durante el arreo de ganado, los jinetes de punta dirigen al rebaño. Los jinetes laterales van a la mitad del rebajo y los jinetes de cola van detrás del rebaño.

Alambre de púas

El ganado tiende a deambular si no está cercado. Hace muchos años, las cercas costaban mucho dinero y no tenían la resistencia suficiente para contener al ganado.

Los vaqueros tenían que cubrir cientos de millas para reunir las vacas del ranchero. Cuando se inventó el alambre de púas en 1874, los rancheros pudieron cercar sus terrenos de manera barata. Así, los vaqueros tenían que cubrir menos millas.

Los tiempos modernos

Hace tiempo, el arreo de ganado tardaba meses, ya que era necesario trasladar los animales grandes distancias para venderlos. En la actualidad ya no es así. Ahora se utilizan grandes camiones para transportar el ganado largas distancias y pueden utilizarse helicópteros para buscar ganado que haya deambulado lejos. No obstante, en los ranchos se siguen realizando arreos y reunión de ganados, y muchos vaqueros aún hacen su trabajo a caballo, tal como se hacía hace mucho tiempo.

▲ Todos los vaqueros trabajan juntos para que el ganado no deje de avanzar, incluso las reses lentas o heridas.

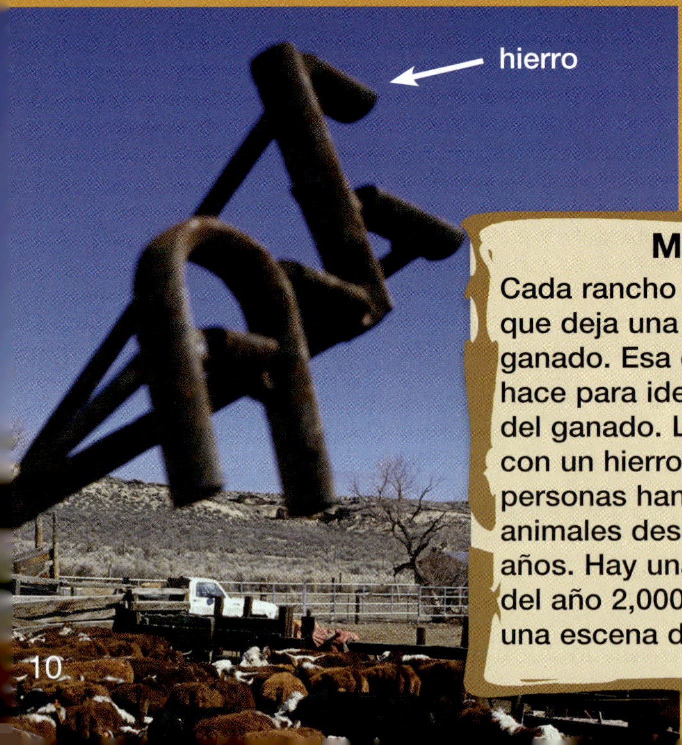

Marcado

Cada rancho tiene un hierro que deja una cicatriz en el ganado. Esa cicatriz o marca se hace para identificar al dueño del ganado. La marca se hace con un hierro candente. Las personas han marcado a sus animales desde hace miles de años. Hay una tumba egipcia del año 2,000 a.C. que muestra una escena de marcación.

Cuando juntan el ganado, los vaqueros atan los becerros para marcarlos y darles atención médica. Pueden necesitarse dos o tres vaqueros para marcar a un becerro.

Mientras uno de los vaqueros sujeta el becerro por los cuernos, otro le ata las patas y lo derriba. Entonces, uno o dos vaqueros marcan al becerro con un hierro, le colocan una etiqueta de oreja y lo vacunan.

◀ Los vaqueros deben trabajar en equipo para marcar al ganado.

▼ ejemplos de marcas

¿Qué es?

Vacunar es aplicar una inyección que protege al becerro (o a una persona u otro animal) contra enfermedades. Una etiqueta de oreja es por lo general una marca que se usa para identificar al ganado. Algunas marcas de oreja tienen medicamento para proteger al ganado de los insectos.

Vaqueros en Australia

En el continente americano se usan los términos vaquero, vaquera, gaucho, cowboy y buckaroo. Sin embargo, en otras regiones del mundo también hay personas que realizan el trabajo de los vaqueros. Un país donde hay muchos vaqueros es Australia. Allí se conocen como drovers o jackaroos (o jillaroos, en el caso de las vaqueras). Los ranchos australianos se llaman estaciones.

Los vaqueros también descornan los becerros. Utilizan un raspador que corta los cuernos hasta dejar muñones. El descornado protege al ganado al evitar que los animales se lastimen unos a otros durante los viajes. También evita que los vaqueros sufran cornadas.

El alimento en las praderas

El cocinero lleva mucha comida cuando los vaqueros están en las praderas.
En Estados Unidos, los alimentos más usuales para el desayuno son carne de res, frijoles, tocino, masa madre para pan, leche enlatada, harina, fruta seca y café.

▲ Después de trabajar arduamente toda la mañana, es seguro que los vaqueros tendrán mucha hambre.

Al mediodía, los vaqueros hacen una pausa para almorzar. Un cocinero prepara el carro cocina para elaborar los alimentos. Prepara un almuerzo rápido para que los vaqueros puedan regresar al arreo del ganado. Aún queda mucho trabajo por hacer.

Los vaqueros pasan el resto de la tarde haciendo lo mismo que en la mañana: arrear al ganado y cuidarlo.

Mientras trabajan, los vaqueros tienen cuidado de no espantar al ganado. Si las reses se asustan, comienzan a correr y se dispersan. Esto se conoce como estampida. Pueden necesitarse varias horas para reunir al ganado, tranquilizarlo y reanudar la marcha.

Cuando los vaqueros se detienen para pasar la noche, deben encargarse de sus caballos. Los caballos también han trabajado duro todo el día. Los vaqueros quitan las sillas de montar, alimentan a los caballos y los dejan libres en la pradera para que descansen.

▲ El trabajo de un vaquero es muy agotador, por lo que es muy agradable descansar al final del día.

◀ Un vaquero puede usar un lazo, mangana o reata para reunir el ganado disperso.

Los vaqueros preparan la fogata, comen y cuentan historias. Juegan naipes, cantan y duermen. Necesitan estar frescos para levantarse muy temprano, en ocasiones a las tres de la madrugada.

El día de un vaquero

El día de trabajo típico de un vaquero puede ser como éste:

3:00 a.m.	Se levanta, se viste, atiende a los caballos y desayuna.
4:00 a.m.	Ensilla al caballo y cabalga a las praderas para trabajar con el ganado.
5:00 a.m.	Reúne el ganado y atiende a los becerros.
11:00 a.m.	Hace una pausa para almorzar en el carro cocina.
12:00 p.m.	De vuelta al trabajo para arrear el ganado.
5:00 p.m.	Atiende a los caballos y se prepara para la noche.
6:00 p.m.	Come en el carro cocina.
6:30 p.m.	Descansa con los otros vaqueros, juega naipes y cuenta historias.
8:00 p.m.	A dormir. Mañana comienza muy temprano.

No todos, pero muchos de los vaqueros modernos siguen las viejas tradiciones vaqueras. Una de ellas es sentarse alrededor del fuego por la noche. Incluso duermen al aire libre, bajo las estrellas. ▼

Canciones en las praderas

Muchas canciones estadounidenses están basadas en la vida del vaquero. ¿Conoces “Home on the Range”? ¿”Red River Valley”? o ¿”The Old Chisolm Trail”? Éstas son canciones que los vaqueros cantaban hace muchos años.

Vaqueros en los ranchos

Algunos vaqueros trabajan en los ranchos y conducen camionetas en lugar de montar a caballo. Se les conoce como vaqueros de rancho.

Cuidan el rancho y revisan los pastos y la condición del suelo.

¡Buen trabajo!

Los vaqueros de rancho deben asegurarse de que la tierra esté sana para que el ganado y los animales silvestres tengan suficiente para comer.

▲ Estos vaqueros de rancho construyen una nueva cerca.

En ocasiones, los vaqueros de rancho deben construir cercas o reparar las que ya existen. También necesitan mantener los molinos de viento en buen estado.

Los molinos sirven para bombear agua del suelo. De esta manera hay agua disponible para el ganado, los caballos y la vida silvestre.

Vaqueros de los rodeos

El rodeo es uno de los deportes más populares en Estados Unidos, donde se celebran más de 500 cada año. En ellos, los vaqueros lucen sus habilidades, fuerza y valentía.

¿Cuál es la diferencia entre la vida de un vaquero de rodeo y la vida de un vaquero de rancho?

En un principio, los vaqueros competían entre ellos para ver quién era más hábil para arrear el ganado, pero en la actualidad son los vaqueros de rodeo quienes compiten. Los juegos de los primeros vaqueros fueron evolucionando hasta llegar a los rodeos que conocemos en la actualidad.

Buenos deportistas

Los vaqueros de rodeo tienen las mismas habilidades del vaquero de rancho, pero además son atletas y actores.

Rancho y rodeo

Antes se llamaba rodeo a la acción de arrear y reunir al ganado. Hoy en día, un rodeo es un espectáculo y una competencia. Los vaqueros demuestran sus habilidades y compiten entre ellos para mostrar lo que pueden hacer. Las habilidades de la competencia son las mismas que los vaqueros de rancho utilizan todos los días al arrear el ganado.

Los vaqueros de rodeo practican todos los días para las competencias. Deben ensayar la mangana de becerros, el derribe de novillo, el jineteo con silla, el jineteo a pelo, el jineteo de toros y las carreras de barriles. En estas competencias participan tanto vaqueros como vaqueras. Las vaqueras también tienen una competencia de reina del rodeo.

Al igual que los vaqueros de rancho, los vaqueros de rodeo deben estar listos para trabajar en el sol y en la lluvia. No pueden dejar de practicar simplemente porque hace mucho calor o está lloviendo. Compiten sin importar el clima.

Son muchas las tareas de un vaquero. ¿Crees que podrías hacerlas?

Glosario

arreo vaqueros que reúnen el ganado y lo llevan al rancho

bronco caballo sin domar

buckaroo término utilizado hace muchos años en Estados Unidos para designar a un vaquero

carro cocina cocina móvil que pueden seguir a los vaqueros por las praderas

cornada golpe dado por un animal con la punta del cuerno

cowboy término en inglés para el vaquero

chaparreras prendas de cuero que se colocan sobre los pantalones para proteger las piernas y los pantalones del vaquero

derribe de novillo prueba de fuerza entre un vaquero y un novillo, en la cual el vaquero intenta derribar al novillo al suelo

descornar quitar los cuernos del ganado

espuelas pequeñas ruedas metálicas dentadas que se sujetan a los talones de las botas con el fin de picar los costados de un caballo al darle instrucciones

etiqueta de oreja placa sujetada a la oreja del animal para identificarlo o para administrarle medicamentos especiales que lo protegen de los insectos

ganado rebaño de vacas y toros

gaucho equivalente del vaquero en Uruguay y Argentina

jinete de cola vaquero que va detrás del rebaño durante el arreo de ganado

jinete de punta vaquero que va a la cabeza del rebaño durante el arreo de ganado

jinete lateral vaquero que trabaja en la parte central de un rebaño durante el arreo de ganado

lazo cuerda larga y ligera, con un nudo corredizo en el extremo para formar un círculo que puede abrirse o cerrarse

marca cicatriz especial con la que se marca el ganado usando un hierro candente y que sirve para identificar al dueño

masa madre ingrediente básico usado para elaborar pan leudado, que puede conservarse día tras día para preparar más pan

pañuelo tipo de pañoleta que se lleva en forma holgada alrededor del cuello hasta que se necesita para cubrir la boca y la nariz cuando hay mucho polvo

pradera extensión grande y abierta de pastizales donde el ganado se mueve libremente

raspador herramienta que se emplea para descornar becerros

reata véase lazo

rodeo reunir al ganado; también una exhibición pública y competencia en la que se lucen las habilidades de los vaqueros

vacunar administrar una inyección a un animal (o a una persona) para impedir que se enferme

Índice